Modell der Akropolis von Pergamon
(vgl. Abb. 10, S. 15)

1 Magazinbauten
2 Palast I (Kaserne)
3 Palast III
4 Palast IV
5 Palast V (mit Hephaistion-Mosaik)
6 Burgtor
7 Athenaheiligtum
8 Trajaneum
9 Bibliothek
10 Dionysostheater
11 Dionysostempel
12 Großer Altar
13 Obere Agora (Marktplatz)
14 Heroon

2
3
9
4
5
6
14

Der Pergamonaltar

Seine Geschichte, Entdeckung und Rekonstruktion

Verlag Philipp von Zabern
Mainz

Der Pergamon-altar

Seine Geschichte,
Entdeckung und Rekonstruktion

Max Kunze

Staatliche Museen zu Berlin
Preußischer Kulturbesitz
Antikensammlung

48 Seiten mit 26 Farb- und 13 Schwarzweißabbildungen

Photos: Jürgen Liepe (ausgenommen Abb. 1, 2, 3, 5, 6, 14, 15, 18, 37 und Vorsatz)

Umschlag vorn: Nordseite des Pergamonaltars
Vorsatz vorn: Modell der Akropolis von Pergamon
Frontispiz: Der Hund der Artemis beißt einen Giganten in den Nacken
Vorsatz hinten: Abb. 16, Umzeichnung der Friese
Umschlag Rückseite: Detail aus dem Ostfries: Porphyrion (vgl. Abb. 21)

Verlag Philipp von Zabern, Mainz am Rhein
Photos: Bildarchiv Preußischer Kulturbesitz

ISBN 3-8053-1468-X (Museumsausgabe)
Satz: Typo-Service Mainz
Lithos: SWS Repro GmbH, Wiesbaden
Papier: Papierfabrik Scheufelen, Lenningen
Printed in Germany
Printed on fade resistant and archival quality paper
(PH 7 neutral)

DIE WIEDERENTDECKUNG UND AUSGRABUNG

Abb. 1
Carl Humann in Smyrna. (Archiv DAI Istanbul)

»In Pergamon ist ein großer marmorner Altar, vierzig Fuß hoch, mit ansehnlichsten Skulpturen – er hält auch eine Gigantomachie eingeschlossen.« (Pergamo ara marmorea magna, alta pedes quadraginta cum maximis sculpturis; continet autem gigantomachiam.) Diese Nachricht, überliefert von dem im 2. Jh. n. Chr. lebenden römischen Autor Lucius Ampelius in seinem »Buch der Denkwürdigkeiten« (liber memorialis 8,14), war über Jahrhunderte ebenso vergessen wie der große Altar selbst. Reisende, die selten genug seit dem Mittelalter Pergamon besuchten, waren dennoch beeindruckt von den anstehenden antiken Ruinen der Ober- und Unterstadt. Der erste, der den Gedanken einer Ausgrabung des Burgberges aussprach, war im späten 18. Jahrhundert der Franzose Comte Marie Gabriel A. F. Choiseul-Gouffier. Doch sollte noch ein Jahrhundert vergehen, ehe systematische Freilegungsarbeiten begannen.

Als der Archäologe Alexander Conze 1877 Direktor der Skulpturensammlung der Königlichen Museen in Berlin wurde, schenkte er den »im sogenannten Heroensaale des alten Museums niedrig über den Boden an die Wand« hingestellten Relieffragmenten seine Aufmerksamkeit, die Jahre zuvor aus Pergamon an die Berliner Museen geschickt worden waren und die ihr Finder, Carl Humann (Abb. 1), für Friesteile eines aus der Literatur bekannten Minerva-Tempels von Pergamon mit einer »Schlacht mit Männern, Rossen, wilden Thieren« hielt. Alexander Conze aber fand den Schlüssel zu ihrer wahren Bedeutung. Er verglich die bei Lucius Ampelius erwähnte Gigantomachie an einem großen pergamenischen Marmoraltar mit dem Thema der Berliner Reliefplatten und erkannte richtig darin eine Gigantenkampfszene. Jetzt sah Conze die mögliche Tragweite einer Ausgrabung voraus: das von Ampelius erwähnte Bauwerk war kein Tempel, sondern ein Altar, zudem ein in der Antike berühmter. Der Kontakt zu Humann war schnell hergestellt; Geld für eine Versuchsgrabung von einem Monat Dauer kam vom Kultusministerium, und über das Außenministerium wurde der notwendige Firman (Ausgrabungserlaubnis) besorgt. Am 9. September 1878 begann Humann seine Grabung im Auftrag der Berliner Museen auf dem Burgberg von Pergamon.

Der zunächst in türkischen Diensten arbeitende Humann war bereits im Winter 1864/65 in Bergama gewesen und hatte die einstmals blühende Akropolis besucht; in seinem Bericht heißt es: »Nun ging es zur Burg. Dem flüchtigen Betrachter erscheint dieselbe als ein einziges großes Schuttfeld, von Rasen und niederem Buschwerk bedeckt, durchsetzt von Mauerzügen, die aus den verschiedenen Zeiten herrühren und deren Zusammenhang auf den ersten Blick nicht klar wird; die oberste Burgkrone schließt eine offenbar türkische Mauer ein, welche zuletzt, ehe der Berg seiner jetzigen Verödung verfiel, als Festung gehalten wurde. Auch auf dieser obersten Fläche ragt nach allen Seiten ein massives Fundament oftmals sich kreuzend aus dem Boden hervor, namentlich aber stehen noch, im Osten wie im Westen den Abhang begrenzend, die hohen Stützmauern der Attalidenzeit. Keinen Quaderstein von ihnen haben die Jahrhundert zu verschieben vermocht. Oberhalb der westlichen Stützmauern betrat ich den Trümmerhügel, den man den Tempel der Athena Polias hat nennen wollen. Traurig stand ich da und sah die herrlichen, fast mannshohen korinthischen Capitäle, die reichen Basen und anderen Bauglieder, alles um- und überwuchert von Gestrüpp und wilden Feigen; daneben rauchte der Kalkofen, in den jeder Marmorblock, welcher dem schweren Hammer nachgab, zerkleinert wanderte. Einige tiefe frisch gezogene Gräben zeigten,

Abb. 2
Die freigelegten Fundamente des Pergamonaltars (Photo: Museum)

Abb. 3 ▷
Rekonstruktion des Pergamonaltars (1901–1908) im alten Pergamonmuseum zu Berlin (Photo: W. Titzenthaler, Berlin)

welche Fülle von Trümmern unter der öden Bodenfläche lagerte; je kleiner zersplittert, desto angenehmer waren sie den Arbeitern. Das also war übriggeblieben von dem stolzen uneinnehmbaren Herrschersitz der Attaliden.«

Seit diesem ersten Besuch bemühte er sich mit wechselndem Erfolg um den Schutz der Altertümer und verlegte zeitweilig seinen ständigen Wohnsitz nach Pergamon. Doch konnte der Zerstörung und dem Kalkbrennen nur eine Ausgrabung und damit eine Sicherung des Gebiets Einhalt gebieten. Als seiner Einladung 1871 Berliner Bauforscher und Archäologen, die in der Türkei weilten, folgten und er diesen die in der byzantinischen Mauer verbauten griechischen Hochreliefs vorführte, schienen seine Hoffnungen, die Berliner Museen für Grabungen zu gewinnen, in greifbare Nähe gerückt. Proben in Form von Relieffragmenten schickte er noch Ende desselben Jahres nach Berlin. Daß es dennoch Jahre dauern sollte, ehe diese Unternehmung sich in die Tat umsetzen ließ, resultierte nicht nur aus der erwähnten Fehlbeurteilung als Tempelfries, sondern ist auch unmittelbar mit den kulturellen und politischen Ereignissen der Zeit verbunden.

1871 war es durch die vorangegangenen militärischen Erfolge Preußens zur Gründung des Deutschen Reiches gekommen. Die neue Reichshauptstadt Berlin brauchte eine neue kulturelle Legitimitation auf allen Gebieten. Wissenschaft und Museen waren aufgefordert, diesen Anspruch einzulösen. In einem Schreiben an den König hat der damalige preußische Kultusminister es klar formuliert: »Von be-

Abb. 5
Die byzantinische Stadtmauer, in der Carl Humann die ersten Reliefs fand.
Zeichnung von Christian Wilberg (Photo: Museum)

sonderer Bedeutung ist es, daß die Sammlung der Museen, welche bisher sehr arm an griechischen Originalwerken waren . . ., nunmehr in den Besitz eines Werkes griechischer Kunst von einer Ausdehnung gelangen, welcher etwa nur die großen Reiche der attischen und der kleinasiatischen Skulpturen des britischen Museums gleich oder nahe kommen.« Eine neue Epoche deutscher Ausgrabungen in Griechenland und der Türkei, in Vorderasien und in Ägypten brach für die deutsche Archäologie an.
Begonnen hatten die deutschen Ausgrabungen in Olympia, das freizulegen bereits im 18. Jahrhundert Johann Joachim Winckelmann erträumt hatte. Der Wunsch vieler Generationen von Archäologen wurde von Ernst Curtius realisiert, als 1874 der Vertrag über die Ausgrabungen zustande kam und ein Jahr später die Arbeiten im heiligen Hain von Olympia begannen. Bis 1881 arbeiteten hier im Auftrag des Deutschen Reiches Archäologen und Architekten wie Friedrich Adler, Wilhelm Dörpfeld und Adolf Furtwängler. Der damals bekannte älteste Tempel der Altis, der Hera geweihte Tempel, einige der Schatzhäuser und der berühmte Zeus-Tempel konnten ganz oder teilweise erforscht werden; freigelegt werden konnte der Skulpturenschmuck des Zeus-Tempels, der zwischen 470 und 456 v. Chr. geschaffen wurde; man fand berühmt gewesene Skulpturen wie die Nike des Paionios oder den Hermes des Praxiteles. Das griechische Antikengesetz erlaubte jedoch nur, daß einzig eine beschränkte Anzahl von Dubletten, vor allem der Kleinfunde, nach Berlin gebracht werden durften. Mit Beginn der Grabung stand deshalb nicht die Erwerbung, sondern die Erforschung des bekannten panhellenischen Heiligtums im Mittelpunkt.

◁ *Abb. 4*
Die Westseite des Pergamonaltars heute

Abb. 6
Ansicht des Pergamonaltars während der Kampagne von 1879. Zeichnung von Christian Wilberg (Photo: Museum)

Es ist deshalb kein Zufall, daß sich die weiteren Grabungen der Berliner Museen auf die Türkei, auf das Gebiet der kleinasiatischen Westküste, konzentrierten. Die Grabungskonzessionen waren hier weitaus günstiger und durch Fundteilung eine Erwerbung möglich. In Samos, damals noch unter türkischer Herrschaft, in Myus, Kap Monodendri, Didyma und Milet stieß man zum ersten Mal auf archaische Architektur, Skulptur und Kleinkunst, während man Hellenistisches in Pergamon, Magnesia und Priene freilegte.
Dank des Einflusses des jungen Deutschen Reiches auf das Osmanische Reich war die Grabungsgenehmigung für Pergamon schnell erreicht, und in den von 1878–1879 geführten Verhandlungen hatte man die zunächst vorgesehene Fundteilung zwischen der Türkei und Berlin vermeiden können: der ausgehandelte Vertrag, für den sich auch Bismarck eingesetzt hatte, sah gegen die Zahlung von 20 000 Mark die Überführung aller Altarfunde von Pergamon nach Berlin vor. Zu dem Abtransport der Funde nach Berlin erinnerte sich Alexander Conze: »Wir sind nicht fühllos dagegen gewesen, was es heißt, die Reste eines großen Denkmals seinem Mutterboden zu entreißen zu uns hin, wo wir ihnen das Licht und die Umgebung nie wieder bieten können, in die hinein sie geschaffen wurden, und in denen sie einst voll wirkten. Aber wir haben sie der immer vollständigeren Zerstörung entrissen Damals war noch kein Hamdy Bey in

Abb. 7
Überlebensgroße Frauenstatuen, gefunden im Bereich des Pergamonaltars.
Antikensammlung Berlin ▷

Abb. 8
Bildnis des Königs Attalos I. (?) (241–197 v. Chr.).
Antikensammlung Berlin ▷▷

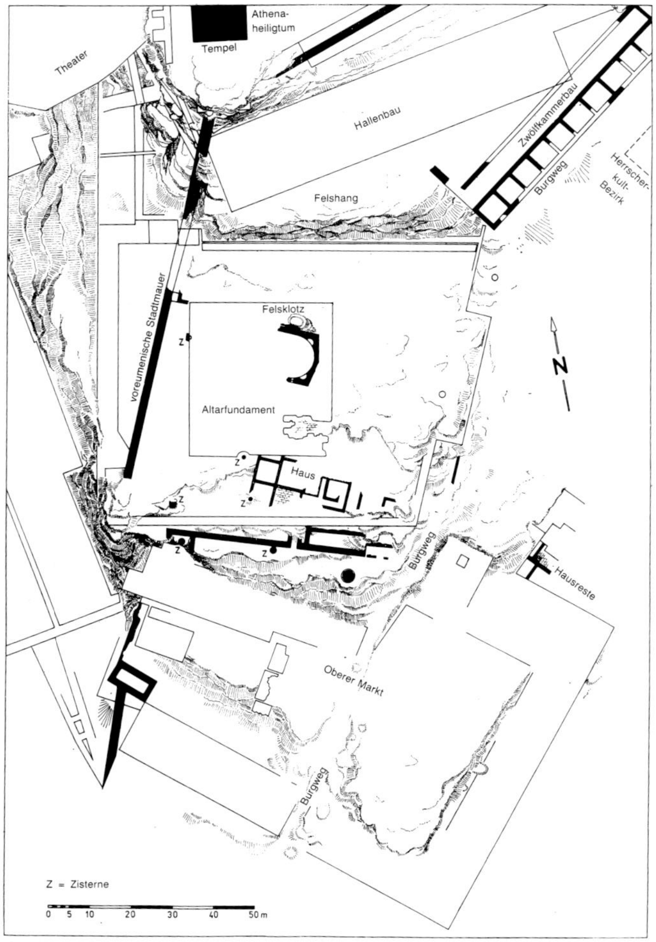

Abb. 9
Plan der Terrasse unterhalb des Athena-Tempels mit Vorgängerbauten des Pergamonaltars

Sicht, den bald warme Freundschaft mit Humann verband, und wir konnten damals noch nicht denken, was mit seiner Hilfe inzwischen möglich geworden ist, daß die am Orte verbleibenden Ruinen vor den Steinräubern der modernen Stadt . . . würden beschützt werden können . . .«

Am 9. September 1878 begann Carl Humann die Suche nach dem berühmten Altar auf der Akropolis von Pergamon. Das Auffinden der Hochreliefs war das klar formulierte Ziel der ersten Grabungskampagne. Ihm und Alexander Conze, der ihn von Berlin aus und seit 1879 an Ort und Stelle mit Rat und Hinweisen unterstützte, ist es zu danken, daß diese Grabungen trotz aller auf den schnellen Erfolg abzielenden Freilegungsmethoden nicht zur reinen Schatzgräberei ausarteten. Humanns Suche konzentrierte sich zunächst auf die byzantinische Stadtmauer, die einst im Süden die Akropolis schützte und wo er eingemauert Jahre zuvor die ersten Plattenfragmente entdeckt hatte, die zum Teil mit der Reliefseite zum Mauerkern hin verbaut waren (Abb. 5). Schon nach wenigen Tagen konnte er beträchtliche Funde machen, und bis Ende September hatte er bereits 23 Platten der Gigantomachie entdeckt. Darüber hinaus war Humann auf der nördlichen Seite fündig geworden. Auf der einstigen Altarterrasse stieß er auf die Reste des Fundaments (Abb. 6) und konnte feststellen, daß man nach dem Abriß des antiken Altars in byzantinischer Zeit viele Teile für den Bau dieser Befestigungsmauer und Teile des Ostfrieses für kleine Bauwerke auf der einstigen Altarterrasse benutzt hatte. Ebendort fand er neben dem kompakten Fundament des Altars die wichtigen Reliefplatten mit Zeus und Athena. Im Bericht zu der ersten Grabungskampagne schrieb Humann enthusiastisch: ». . . je mehr ich die Funde betrachtete, desto erregter wurde ich. Wir haben eine ganze Kunstepoche gefunden, das größte aus dem Altertum übriggebliebene Werk haben wir unter den Händen.«

In der Tat: dank der raschen Fundfolge und der hohen künstlerischen Qualität der Hochreliefs versprach die bald zu rekonstruierende Gesamtlänge des Frieses von ca. 120 m einen Skulpturenschmuck, der neben den Friesen des Parthenon in London das längste Reliefwerk repräsentierte, das sich aus der griechischen Kunst erhalten hat. Als man die Athena-Gruppe vom aufsitzenden Humus befreite, soll der Ausruf gefallen sein: »Jetzt haben wir auch einen Laokoon!«. Damit spielte man weniger auf die motivische Ähnlichkeit des Athena-Gegners Alkyoneus mit dem Laokoon im Belvedere in Rom an, jene seit dem 16. Jahrhundert berühmte und meistbewunderte Gruppe in den Vatikanischen Sammlungen, vielmehr auf die ähnliche Ausdruckskraft und hohe künstlerische Qualität pergamenischer Kunst (Abb. 17, 18).

Obwohl schon 1879 der Abtransport der Altarfunde nach Berlin begann, hatte Humann erste Skizzen zum ursprünglichen Aussehen des pergamenischen Altars gewagt. Neben dem Fundament boten die Eckplatten des großen Frieses Anhaltspunkte für eine Rekonstruktion; doch fand man das entscheidende Bindeglied, das die Länge des Frieses der Stirnrisalite der Treppenwangen einigermaßen vervollständigte, erst im Frühjahr 1883. Nun konnten die Treppenbreite und schließlich die Abfolge der Friesseiten zeichnerisch rekonstruiert werden. Weiterer fünf Jahre intensiver Auswertung in Berlin bedurfte es, bis die Berliner Archäologen und Bauforscher Otto Puchstein und Richard Bohn neue Anhaltspunkte für die Zusammenhänge und ursprüngliche Anordnung des Frieses sowie zur Architektur des Altars gewonnen hatten. Unter anderem entdeckten sie, daß man beim Bau des Altars auf die den Fries abschließenden Gesimsblöcke, die Götternamen trugen, Versatzmarken in Form von Buchstabenfolgen eingearbeitet hatte. Mit der Entschlüsselung dieses antiken Systems konnte man die Abfolge zahlreicher Gesimsblöcke bestimmen und so mit den Götternamen die Gestalten der zugehörigen Reliefplatte benennen.

Die Arbeiten in Pergamon durch Carl Humann und die Bemühungen zur Rekonstruktion in Berlin, für die man zwei italienische Bildhauer gewonnen hatte, verliefen in bemerkenswerter Schnelligkeit. Carl Humann konnte in der Fundstatistik im April 1880, also nach nur eineinhalb Jahren Arbeit, vermerken: 97 Platten der Gigantomachie und 2000 Fragmente (etwa 3/5 der Gesamtlänge), 35 Platten des Telephosfrieses mit 100 Fragmenten, dazu zahlreiche freiplastische Statuen, Büsten, Inschriften und Architekturteile sind ausgegraben. Die Schnelligkeit der Humannschen Arbeit ging freilich zu Lasten der genaueren Untersuchung aller späteren Besiedlungskulturen, also der spätantiken, byzantinischen und arabischen Bebauung des Burgberges. Diese Siedlungsreste sind ohne brauchbare Dokumentation abgetragen worden: nur der Königszeit und den römischen Bauwerken galt die Aufmerksamkeit.

Bereits am Ende der ersten Grabungskampagne im April 1880 richtete Alexander Conze sein Augenmerk über die Altarterrasse hinaus und setzte sich in Berlin nachdrücklich für finanzielle Mittel zur Erforschung der oberen Königsstadt ein. Seine Bemühungen hatten Erfolg, und in den folgenden zwei Grabungskampagnen (August 1880 bis Dezember 1881; April 1883 bis Dezember 1886) erforschte man die übrigen Bauwerke der Akropolis. Carl Humann erhielt nun die tatkräftige Unterstützung von erfahrenen Architekten. Die Athena-Terrasse wurde untersucht, der Trajan-Tempel, die Königspaläste und das Dionysos-Theater folgten. Als man am 15. Dezember 1886 die Grabung schloß, hatte man nicht nur die Oberstadt erforscht, sondern auch einige Untersuchungen in der Unterstadt unternommen: auch die unterirdisch verlaufende Druckwasserleitung, die vom Norden her die Stadt versorgte, hatte man gründlich untersucht.

Schlagartiges Licht auf eine der Ursachen der Berliner Pergamon-Begeisterung werfen die 1886 durchgeführte Ausstellung zum 100. Geburtstag der Kunstakademie und das triumphale Künstlerfest, das aus diesem Anlaß stattfand: Im Zentrum des Ausstellungsgeländes hatte man den ägyptischen Obelisken, den Napoleon seinerzeit auf der Pariser Place de la Concorde aufstellen ließ, nachgebildet und mit einem Reliefmedaillon Wilhelms I. und dem preußischen Adler versehen. Ein Diorama-Gebäude im ägyptischen Stil zeigte Ereignisse der deutschen Afrika-Expedition, und auf einer Terrasse, geschmückt mit den nachgestalteten Friesen des pergamenischen Altars, stand die Front des Zeus-Tempels von Olympia, den man seit 1875 im Auftrag des Deutschen

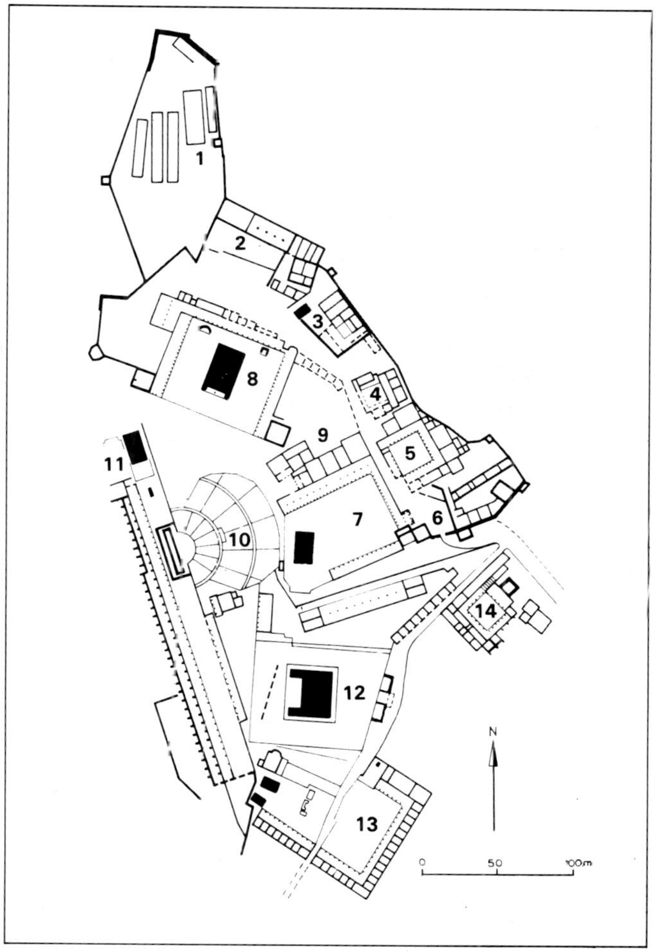

Abb. 10
Grundriß der Akropolis von Pergamon

1	*Magazinbauten*	*9*	*Bibliothek*
2	*Palast I (Kaserne)*	*10*	*Dionysostheater*
3–5	*Paläste*	*11*	*Dionysostempel*
6	*Burgtor*	*12*	*Großer Altar*
7	*Athenaheiligtum*	*13*	*Obere Agora (Marktplatz)*
8	*Trajaneum*	*14*	*Heroon*

Reiches ausgrub; im anschließenden Bau demonstrierte ein riesiges, halbrundes Panorama-Bild die rekonstruierte Akropolis von Pergamon. Höhepunkt war das pergamenische Fest mit 1500 kostümierten Künstlern, die den Triumphzug des pergamenischen Königs über die besiegten Gallier darstellten, zweifellos ein mit aktuellen politischen Bezügen des vorausgegangenen deutsch-französischen Krieges ausgestattetes

reiches Spektakel. Die drei Ausstellungsarchitekturen würdigten die erfolgreiche Macht- und Kolonialpolitik in Afrika ebenso wie die nicht minder ergebnisreiche Kultur- und Wissenschaftspolitik durch die deutschen Grabungen in Griechenland und Kleinasien.

Die Affinität der wilhelminischen Epoche gerade zu den Pergamonentdeckungen verwundert nicht. Nach den Kriegen und Auseinandersetzungen, die schließlich in dem 1871 begründeten Deutschen Kaiserreich einen vorläufigen Abschluß fanden, richtete sich der Blick der deutschen Archäologie auf eine Epoche griechischer Geschichte, in der mächtige Territorialstaaten die zahlreichen, unabhängigen griechischen Stadtstaaten ablösten, in der die Monarchie der Attaliden von Pergamon entstand, die die griechische »Kleinstaaterei« überwunden hatte.

Tat man sich mit dem Verständnis der hochhellenistischen Kunstsprache schwer, so waren Brücken zum Verständnis durch die historische Wissenschaft schnell gebaut: Mit Pergamon bewunderte man den stolzen monarchischen Herrschersitz, der vorbildlich politische Macht mit Kunst- und Wissenschaftsförderung verband. Daß man damit einem eigenen, gesellschaftliche Strukturen reflektierenden Wunschbild nachhing, wird deutlich. Die Entdeckung des Pergamonaltars wurde zu dem bedeutenden Ereignis, der Altar wurde zum »stolzesten Denkmal monarchischen Selbstbewußtseins, welches die hellenistische Zeit überhaupt hervorgebracht hatte«. So sehr sah man die Leistungen der eigenen Zeit mit denen der antiken Geschichte zusammenfallen, daß man den von den Erbauern des Altars propagierten »Ewigkeitsanspruch einer politischen Ordnung« voll und ganz in die wilhelminische Ära übernehmen konnte.

In diesen Zeitereignissen und in dieser politischer Geographie stand der Ruhm und steht der Nachruhm von Carl Humann, und es darf deshalb nicht wundern, daß man ihn damals wie noch heute mit Lobesworten überhäufte, die bei näherem Hinsehen nicht allzu wörtlich genommen werden können: Carl Humann, »der Entdecker von Pergamon«, »der Wiederentdecker des Pergamonaltars«, »der Erretter von Pergamon« oder »der Ausgräber eines antiken Weltwunders«. Er selbst war da viel bescheidener, bezeichnete sich in der Regel als den einfachen »Ingenieur«, als den Archäologen des Spatens, aber auch, im Höhenrausch des Erfolgsjahres 1880, als »Schatzgräber, zumal ein vom Glück begünstigter« – so jedenfalls leitete er sein Dankschreiben an die Universität Greifswald für die erhaltende Ehrendoktorwürde

Abb. 11
Statue der Athena Parthenos aus der Bibliothek von Pergamon. Antikensammlung Berlin

ein. Er dürfte diese Formulierung wohl bewußt gebraucht haben, denn seit 1871 hatte Trojas »Schatzgräber« Heinrich Schliemann zunehmend in der Presse Schlagzeilen gemacht, und die pergamenischen Grabungen drohten publizistisch ins Abseits zu geraten. Und so abwegig war Humanns gewählte Bezeichung als Schatzgräber denn auch nicht: War er nicht auch ein »Außenseiter«, und war es nicht das ursprüngliche Ziel der ersten Grabungskampagne, nur den reichen, bereits in der Antike gepriesenen plastischen Schmuck des Altars freizulegen und zu erwerben? Die Masse der Skulpturenfunde war überwältigend. Erst mit der zweiten Kampagne und unter dem Einfluß Alexander Conzes entstand der Gedanke einer planmäßigen Freilegung wenigstens der Akropolis von Pergamon.

Es berührt noch heute merkwürdig, vergleicht man die mit den skeptischen Augen der ganzen akademischen Welt verfolgten Grabungen in der Troas durch Heinrich Schliemann mit den Berliner Museumsgrabungen in Pergamon. Ernst Curtius – seit 1875 im Auftrag der Berliner Museen die Grabungen in Olympia leitend und zuvor übrigens, angeregt und umworben von Humann, mit dem Gedanken einer Pergamongrabung spielend – hatte seit dem Bekanntwerden der ersten Skulpturenfunde in Troja, eben der 1872 entdeckten berühmten Helios-Metope, durchblicken lassen, daß die Berliner Museen gewillt seien, Schliemanns Grabungen zu übernehmen »in Aussicht auf ähnliche Funde«. Aber als Schliemann verlangte, daß die preußische Regierung das Ziel einer Gesamtfreilegung verfolgen müsse und »die zu findenden Kunstschätze nur ganz als Nebensache« zu betrachten seien, winkte Curtius ab, so zerschlug sich rasch der Plan. Ein übrigens bemerkenswerter Satz im Munde des großen Schatzgräbers Schliemann.

Angeregt durch die Grabungsjahre 1883–1886, als man die übrigen Bauwerke der pergamenischen Akropolis freilegte und auch die bemerkenswerte Druckwasserleitung untersuchte, hatte Carl Humann, der stets bewährte Helfer, Förderer und Organisator der Grabungen in Milet, Ephesos und Priene, sich nun ebenfalls und mit aller Deutlichkeit dafür ausgesprochen, daß die Grabungen in einer Stadt aufschlußreicher und historisch ergiebiger seien als die in den oft außerhalb der Städte liegenden großen Heiligtümer. Als Carl Humann 1895, ein Jahr vor seinem Tode, die Vorbereitung für die erste Grabung in Priene betrieb, stand dann auch fest, daß man diesmal die antike Stadt systematisch untersuchen würde: Nicht vom Athena-Tempel aus, sondern von der Stadtmauer her arbeitete man sich durch die Wohnquartiere hindurch und gewann den ersten kompletten Plan einer antiken Stadt des 4. Jahrhunderts v. Chr.; den Abschluß der Entdeckung dieses »hellenistischen Pompeji«, wie man Priene auch nannte, konnte er nicht mehr erleben. Humann starb am 12. April 1896.

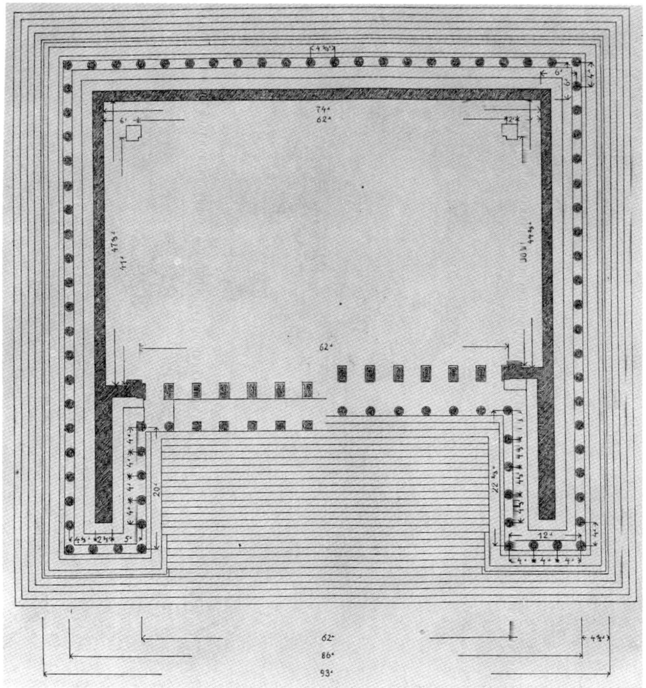

Abb. 12 Grundriß des Pergamonaltars (nach Kähler)

Abb. 13 Der Altar des Asklepios auf Kos

ΒΑΣΙΛΕΥΣ ΕΥΜΕΝΗΣ ΑΘΗΝΑΙ ΝΙΚΗΦΟΡΩΙ

KULT UND REPRÄSENTATION

Die pergamenische Akropolis unter den Attaliden

Um den großen Altar zu errichten, hatte man die Vorgängerbauten weitgehend planieren, die Terrasse durch Substruktionen vergrößern müssen und wie bei einem griechischen Tempel einen in sich abgeschlossenen Bezirk geschaffen (Abb. 9). Diese eigens für den Altar angelegte und dem abfallenden Berghang noch ein Stück Gelände abringende Terrasse war also allein für den Altar bestimmt. Der Zugang zu diesem heiligen Bezirk lag auch auf der gegenüberliegenden Ostseite. Der Weg von der Unterstadt zur Akropolis hinauf führte an der Altarterrasse vorbei; eine schlichte Rampe bildete den Zugang zu dem Bezirk von der Straße her (Abb. 10). Der Blick des antiken Betrachters fiel zunächst auf die Ostseite des Altars mit dem Großen Fries, auf dem die wichtigsten olympischen Götter im Kampf mit den Erdsöhnen, den Giganten, dargestellt sind. Der griechische Tempel öffnete sich in der Regel nach Osten, davor stand der Altar und war damit nach Westen zum Tempel hin ausgerichtet. Diese traditionelle Ausrichtung hat auch der pergamenische Altar bewahrt, denn die fast 20 m breite Freitreppe, die zur eigentlichen Opferstätte auf der oberen Plattform führte, weist nach Westen. Doch statt auf einen Tempel war der Altar zum steil abfallenden Berghang ausgerichtet.

Ein weiteres Planungsdetail ist auffällig: Der Weg am Burgberg führte schräg an der Altarterrasse vorbei, so daß der Blick des Eintretenden zunächst auf den Ostfries und insbesondere auf dessen rechte Hälfte gelenkt wurde: Hier kämpften Hera, Herakles, Zeus, Athena und Ares die Giganten nieder, von hier fiel der Blick aber auch auf die Nordseite des Altarbezirkes, wo sich ein 64 m langes Postament befand, auf dem zahllose Statuen gestanden haben müssen. Und in dieser Blickachse stand auch der schlichte dorische Athena-Tempel (Abb. 14) auf der darüberliegenden Terrasse, der schon rund 150 Jahre zuvor errichtet worden war.

Der antike Besucher mußte den Altar umschreiten, um zur Westseite mit der Freitreppe und der Opferanlage zu gelangen. Der Altar wollte wie ein Baukörper umschritten, von allen Seiten also gesehen werden, und es ergaben sich beabsichtigte Blickachsen für den Betrachter, die in der hellenistischen Architektur durchaus kein Zufall sind. Davon zeugt auch ein weiteres, optisch kaum wahrnehmbares Detail in der Bauplanung: Die Westseite des Altars mit der Freitreppe fluchtet genau mit der Längsausrichtung des Athena-Tempels, und zwar über den Höhenunterschied der beiden Terrassen hinweg. Als man den Altar zu bauen begann, hat man ihn bewußt auf den Tempel hin ausgerichtet.

Bei einer solchen Beziehung zwischen Altar und Tempel könnte man sich fragen, ob der ehrwürdige, von dorischen Andesitsäulen umgebene kleine Tempel der eigentliche kultische Bezugspunkt für den Altar war und die hier vollzogenen Opfer und kultischen Handlungen der Tempelinhaberin und Stadtgöttin Athena (Abb. 11) gewidmet waren. Für diese Vermutung spricht, daß man in diesen beiden Bezirken zahlreiche Weihinschriften und Statuenbasen mit Inschriften fand, deren Stifter Athena und ihren Kult nennen. Oder war es Zeus, der neben Athena hier verehrt wurde? Auch dafür ließen sich einige Argumente anführen. Blickrichtungen, Achsenbezüge und bewußte Einbeziehung des Betrachters sind also von Bedeutung: Denn aus den wenigen erhaltenen Fragmenten der Weihinschrift des Altars können wir nicht entnehmen, welcher Gottheit dieser berühmte Altar galt und welche Opfer hier vollzogen wurden.

Die Versuche, den eigentlichen Opferherd des pergamenischen Altars auf dem oberen Altarhof aus den nur wenigen erhaltenen Marmorfragmenten zu rekonstruieren, haben zumindest erkennen lassen, daß es sich um eine hufeisenförmige Grundform gehandelt haben muß, einen Wagenaltar mit einer oder mehreren Stufen im Mittelteil. Wie hier geopfert wurde, wissen wir allerdings nicht: Waren es die Schenkel der Opfertiere, die hier verbrannt wurden, nachdem sie vor der Treppe – auf der Terrasse unten also – getötet worden waren? Oder war dieser Altar nur zur Libation gedacht, das heißt zur Darbringung von Weihrauch, Wein und Früchten bestimmt, wovon der antike Reiseschriftsteller Pausanias im Zusammenhang mit anderen Altären in Olympia berichtet? Vielleicht wird uns die wieder in Gang gekommene Forschung zum Altar bald eine nähere Antwort liefern können.

◁ *Abb. 14*
Eingang zum Athena-Tempel von Pergamon. Rekonstruktion im Pergamonmuseum (Photo: Museum)

Abb. 15 Ein Gallier tötet seine Frau und sich selbst. Römische Marmorkopie eines pergamenischen Bronzeoriginals, Rom, Nationalmuseum (Photo: DAI Rom)

DIE ARCHITEKTONISCHE GESTALT DES ALTARS

Auch wenn uns die kultische Funktion des Altars nicht genau bekannt ist, so können wir heute dank der Grabungsergebnisse der letzten Jahrzehnte in Griechenland und in der Türkei die architektur- und kunstgeschichtliche Bedeutung des pergamenischen Altars besser bestimmen. Denn nach der Freilegung und Rekonstruktion im letzten Viertel des 19. Jahrhunderts war man zunächst von der Form und der Größe des Bauwerkes überrascht (Abb. 12). Vor den Augen der Archäologen erstand ein Monumentalaltar, geschmückt mit figürlichen Friesen, der im oberen Teil von einer Säulenhalle umgeben war. Eine solche Architektur war bisher unbekannt, und es wundert nicht, wenn man in dieser Zeit das Außergewöhnliche am Pergamonaltar immer wieder hervorhob. Die Bauform schien in der griechischen Welt ohne Parallele und damit fremd. Man suchte sie von den Zikkurat-Bauten der vorderasiatischen Welt abzuleiten, also jenen pyramidal zulaufenden Terrassen mit einem Tempel auf der obersten Terrasse, deren berühmtestes Beispiel in Babylon stand und mit dem in der Bibel erwähnten Turm zu Babel identisch ist.

Inzwischen wissen wir, daß die an der kleinasiatischen Küste und auf den griechischen Inseln siedelnden Griechen bereits in archaischer Zeit eine Vorliebe für solche monumentalen Altäre hatten (Abb. 13). Die Ausgrabungen in Samos legten Reste des berühmten Rhoikos-Altars im Hera-Heiligtum frei, der bereits im ausgehenden 6. Jahrhundert v. Chr. errichtet wurde und überraschenderweise eine gleiche Seitenlänge von 36 m wie der pergamenische Altar hatte. Der samische Altar erreichte allerdings nicht die Höhe und Tiefe des pergamenischen: Hufeisenförmig zogen sich Mauern um eine erhöhte Opferbank herum, zu der von der Westseite her einige Stufen hinaufführten. Erst später entwickelte sich daraus die Form der monumentalen Säulenaltäre wie die von Priene oder Magnesia, von denen sich Architekturbeispiele im Saal hellenistischer Architektur befinden.

Und dennoch hat der pergamenische Altar eine besondere Stellung innerhalb der Architektur und Kunst der Griechen bis heute bewahren können. Bemerkenswert ist nach wie vor seine Lage auf dem Burgberg. Besonderheiten zeigt auch die Bauform, handelt es sich doch um die Kombination eines massiven Sockelbaus, der durch fünf Stufen erhöht und mit einem 2,30 m hohen, im Hochrelief gearbeiteten Fries umgeben ist, mit einem Oberbau, der von einer Säulenhalle mit relativ kleinen jonischen Säulen umstellt ist, die einen schmalen Umgang ermöglichen. Die Säulen werden von einem inneren Mauerzug begrenzt, der zugleich den abgeschlossenen Bezirk des oberen Altarhofes bildet, auf dem die schon erwähnte eigentliche Altaranlage stand. Für diesen inneren Hof war übrigens eine weitere, nach innen liegende Säulenhalle geplant, die aber nicht zur Ausführung kam, vielleicht weil die Arbeiten vorzeitig abgebrochen wurden oder der Opferherd vergrößert wurde. Die innere Wandfläche des Hofes war zugleich Träger eines schmalen, in flachem Relief gehaltenen Figurenfrieses. Links beginnend wurde entlang den Wänden des Hofes in aufeinanderfolgenden Bildern das Leben des Stadtgründers und Heroen Telephos geschildert. An der Westseite schnitt die schon erwähnte 20 m breite Freitreppe ein und verband die untere Terrasse mit dem oberen Hof. Durch diesen Einschnitt entstehen zu beiden Seiten der Westseite Vorsprünge, sogenannte Risalite, die an die hufeisenförmige Grundstruktur des archaischen Altars von Samos erinnern.

DAS BILDPROGRAMM DES ALTARS

Bemerkenswert ist vor allem der umfangreiche Relief- und Skulpturenschmuck am Altar. Die beiden Friese umgeben und schmücken wie kostbare Bänder das Bauwerk. Zum Ausstattungsprogramm gehörten aber auch die kleinen Götterfiguren, die auf dem Dach des Bauwerkes standen, ebenso Pferdegespanne, Kentauren und Löwengreifen. Ganz offensichtlich manifestiert sich hier ein besonderes Anliegen des Erbauers, des pergamenischen Königs Eumenes II., das über die kultische Funktion eines Altars weit hinausgeht.

Das reiche Bildprogramm ist augenscheinlich mit besonderer künstlerischer Sorgfalt und großem materiellen Aufwand gestaltet worden. Der plastische Reichtum erscheint noch eindrucksvoller, wenn man sich vorstellt, daß uns die Grabungen in Pergamon trotz der vielen Funde doch nicht alles wiederbringen konnten: Wir wissen nicht, wie viele Bronze- und Marmorfiguren den heiligen Bezirk des Altars schmückten; ein 64 m langes Postament an der Nordmauer, auf dem einstmals Figuren standen, dürfte nur ein Hinweis für die einstige Figurenfülle auf der Altarterrasse sein. Und trotz vieler Überlegungen der Archäologen können wir bis heute nicht sagen, wie die Anordnung der Akroterien, also der Dachfiguren, war und welche Bedeutung sie hatten. Auch ist noch unklar, ob in der oberen Säulenhalle nicht weitere Figuren aus Marmor gestanden haben. Mehr als 30 überlebensgroße Marmorstatuen hat man auf der Akropolis gefunden; es sind Frauenfiguren, die wir nur unsicher deuten können. Vielleicht waren es Personifikationen der Städte, die das pergamenische Reich sichtbar repräsentieren sollten? Auf dem eigentlichen Opferherd haben sicherlich keine weiteren Figuren gestanden, vielleicht kam in römischer Zeit ein Baldachin hinzu, wie eine römische Münze mit der Darstellung des Pergamonaltars es vermuten läßt. Viele Fragen zum Gesamtverständnis des Bildprogramms bleiben also offen.

Trotzdem sind uns zwei der bedeutendsten antiken Relieffriese erhalten geblieben, denen eine wichtige Funktion am Bauwerk zuzusprechen ist und die uns so Hinweise für das beabsichtigte Bildprogramm geben. Der Große Fries, 120 m lang, umspannte einst den Sockel mit der Darstellung des Götter-Gigangen-Kampfes. Dieser Mythos gehört zu den großen Themen, die bereits in der frühen literarischen Überlieferung der Griechen zu finden sind. Homer schildert Szenen aus diesem Kampf, und der Dichter Hesiod behandelt den Mythos ausführlich in seiner Theogonie (Götterlehre). In Pergamon wird die Gigantomachie erneut von Mythendeutern und Dichtern ganz im Sinne des hellenistischen Herrscherhauses mit Anspielungen auf Ruhm und Taten der Könige behandelt und vertieft worden sein. Aus der gelehrten Diskussion wird der bildkünstlerische Entwurf für den Großen Fries entstanden sein.

Gelehrte, darunter auch Mythendeuter und Mythenschreiber, waren am pergamenischen Hof bereits zur Zeit von Attalos I. (241 bis 197 v. Chr.) zu Hause; Attalos hatte Pergamon zu einem der wichtigsten Zentren für Kunst und Wissenschaft in der griechischsprachigen Welt gemacht. Die günstige territoriale Lage zwischen den hellenistischen Großreichen der Makedonier in Nordgriechenland, den Seleukiden in Asien und den Ptolemäern in Ägypten nutzten die pergamenischen Machthaber durch eine kluge Politik. Sie erneuerten ständig ihre Bündnisse mit der vordringenden neuen Großmacht aus dem Westen, mit Rom. So gelang es ihnen, einen bedeutenden Territorialstaat zu errichten, der fast das ganze westliche Kleinasien umspannte. Durch die Tribute der eroberten Städte reich geworden, schufen die Herrscher nach ihrem Willen in Pergamon ein Zentrum für Kunst, Literatur und Wissenschaft: Als Vorbild wirkte Athen, einstmals geistiger Mittelpunkt Griechenlands, das in dieser Zeit aber seine führende Rolle längst eingebüßt hatte. Schon König Attalos I. (Abb. 8) erwarb als Kriegsbeute Kunstwerke, die er in eigens dafür eingerichteten Räumen unweit der Bibliothek aufstellen ließ. Namhafte Künstler, wie Epigonos, und Gelehrte, wie der Philosoph Antigonos von Karystos, waren am pergamenischen Hof tätig. Um den Athena-Tempel war eine zweigeschossige Säulenhalle errichtet worden, von der man in Räume gelangte, in denen sich eine der bedeutendsten Bibliotheken der antiken Welt befand. Sie soll neben Alexandria die zweitgrößte gewesen sein. Den Römern verdankt diese Bibliothek übrigens ihr Andenken bis heute. Sie trugen zu deren weitgehender Auflösung bei, als der römische Feldherr Marc Anton etwa 200 000 Schriftrollen nach dem Brand der Bibliothek von Alexandria nach Ägypten brachte und dort Kleopatra schenkte. Im Gedächtnis der Nachwelt blieb sie, weil die Römer das verwendete Schreibmaterial, nämlich gegerbte Tierhäute, als in Pergamon hergestellt bezeichneten, also mit dem Attribut »aus Pergamon« versahen. Im Deutschen lebt diese Herkunftsbezeichnung im Wort Pergament weiter.

Mythendeutung, Gelehrtendiskussion und Kunstgespräch werden also in Pergamon in sachkundiger Weise gepflegt worden sein. Die Bildhauer, wie der berühmte Phyromachos von Athen, werden daran teilgehabt und die Entwürfe für die umfangreichen Bildprogramme der beiden Friese des Altars besprochen haben.

DIE MYTHISCHEN THEMEN DES BILDPROGRAMMS

Die Gigantomachie – der Kampf der Götter gegen die aus dem Blut des entmannten Uranos entstandenen Erdsöhne, die sich in frevelhafter Weise gegen die Götterherrschaft erhoben hatten – bot in der geplanten Figurenfülle von mehr als einhundert zu benennenden Gestalten für Gelehrte und Kenner ein reiches Betätigungsfeld: Nicht nur die Götter und Titanen waren auszuwählen und mit ihrem speziellen Anteil am Erfolg des Kampfes zu beschreiben, auch die zahllosen Giganten waren mit Namen benannt und damit in ihren individuellen Verhaltensweisen darzustellen. Die Götter – so berichtet der Mythos – konnten den Kampf gegen die Söhne der Erdmutter Gaia nur gewinnen, wenn ein Sterblicher sie unterstützte; deshalb trat der Heros Herakles im Ostfries dem höchsten Olympier, Zeus, zur Seite, um den erfolgreichen Ausgang des Kampfes anzukündigen. Herakles spielt daher auch im Kleinen Fries, dem Telephosfries des oberen Hofes, eine wichtige Rolle. Aus seiner heimlichen Verbindung mit der arkadischen Priesterin und Königstochter Auge entsproß Telephos, der nach Mysien, also in das Gebiet Pergamons verschlagen wurde. Hier herrschte er als König, gründete die Stadt Pergamon und stiftete den Athenakult. Zwischen dem Kleinen und Großen Fries bildet Herakles die mythologische Klammer.

Telephos, Sohn des Herakles, König von Mysien und Gründer von Pergamon – besser konnten seine »Nachfolger«, die pergamenischen Könige, ihren Anspruch auf das Königtum wohl nicht zum Ausdruck bringen. Auf dem oberen Hof, wo geopfert wurde und den vielleicht nur Auserwählte betreten durften, wurde des Gründerheroen Telephos gedacht. Nimmt man einen großen Opferherd in der Mitte des Hofes an, so fiel der Blick des Eintretenden zunächst links auf Herakles und rechts auf die Gründung Pergamons und Stiftung des Athenakultes durch Telephos. Erst im Umschreiten des Opferherdes konnte man die übrigen wechselvollen Ereignisse aus dem Leben des Telephos erfahren. Solche Blickachsen sind wichtig; man findet sie auch am Großen Fries.

Das Thema des Großen Frieses ist in der griechischen Kunst seit dem 6. Jahrhundert v. Chr. immer wieder dargestellt worden. Auf den Metopen des Athener Parthenon finden sich Szenen aus der Gigantomachie; Szenen aus diesem Kampf wurden von den Priesterinnen auch in das Gewand der Kultstatue Athenas für das alljährliche Kultfest eingewoben. Bereits im klassischen Athen wurde dieser Mythos ebenso wie der Amazonenkampf im Skulpturenschmuck des Tempels festgehalten als Erinnerung an die siegreichen Kämpfe der Athener gegen die Perser, aus denen Griechenland nach der Schlacht von Marathon und Salamis (490/480 v. Chr.) siegreich hervorgegangen war. Auch in Pergamon wird man die Gigantomachie durchaus als Sinnbild für die erfolgreichen Kämpfe verstanden haben, die man seit dem 3. Jahrhundert v. Chr. immer wieder gegen die einfallenden Gallierstämme zu bestehen hatte (Abb. 15). Wie eng diese Parallele zwischen Amazonen und Giganten auf der einen Seite und den tatsächlichen Kämpfen gegen Perser und Galater auf der anderen Seite gesehen wurde, veranschaulicht deutlich genug eine etwa einhundert Figuren umfassende Skulpturengruppe, die pergamenische Könige für Athen stifteten. Hier wurden sterbende oder getötete Gegner der mythischen und historischen Welt zusammengebracht: Die Perser sind den Amazonen und die Galater den Giganten gleichgestellt worden. Dahinter verbirg sich eine Herrscherauffassung, die den Mythos als Sinnbild benutzt, als Gegenüberstellung von göttlicher Ordnung und Macht zur Raserei und Wildheit des Barbarentums wählte.

DER ANLASS FÜR DIE ERRICHTUNG DES ALTARS

Doch wird man einen sehr konkreten Anlaß für die Errichtung dieses Altars annehmen müssen, den uns nur die pergamenische Geschichte selbst liefern kann. Aus der Baugeschichte der pergamenischen Akropolis wissen wir, daß der Altar unter Eumenes II. (197 bis 159 v. Chr.) begonnen wurde. Nun gibt uns der Fries selbst einen indirekten Hinweis zum Entstehungsdatum. Im Zentrum des Ostfrieses ist das gewaltige Gespann mit vier Flügelpferden des Zeus dargestellt, das von Hera in den Kampf geführt wird. Das Gespann reißt alle Gegner zu Boden. Hier sieht man einen Schild von vorn; er hängt noch im Arm eines Giganten. Er ist als der zwölfstrahlige makedonische gekennzeichnet und deutlich dem Betrachter zugewandt: Ein offensichtlicher Hinweis auf die erfolgreiche Teilnahme der Pergamener am 3. Makedonischen Krieg, der im Jahre 168 v. Chr. zugunsten Roms und seines Verbündeten Pergamon zu Ende ging.

Ohne Roms Hilfe und damit auf sich allein gestellt, bestand Eumenes II. erfolgreich die sich unmittelbar anschließenden Kämpfe gegen die Galater, die sich als eine ernsthafte Gefahr für den Fortbestand des pergamenischen Territorialstaates erwiesen hatten. Im Jahre 166 v. Chr. gingen diese Kämpfe zu Ende, und man wird in Erinnerung an die Siege und den Beistand der Götter diesen Altar 165 v. Chr. gestiftet haben. Da neuere bautechnische Beobachtungen zu dem Schluß führen, daß Architektur und die beiden Friese zügig an Ort und Stelle ausgearbeitet wurden, wird man sich nach einem weiteren Datum in der pergamenischen Geschichte für die Fertigstellung des Bauwerks umschauen müssen, das zugleich eine Erklärung für unfertig gebliebene Teile der Architektur gibt. Und so stößt man auf das Jahr 156 v. Chr., als König Prusias II. von Bithynien Teile des unteren Stadtgebietes einnahm und das Heiligtum der siegbringenden Nike, das Nikephorion, zerstörte. Der folgende Wiederaufbau der Tempelanlage und Gebäude wird alle Kräfte beansprucht haben. Aus dem Baubefund und der Geschichte Pergamons gewinnen wir damit die Jahre zwischen 164 und 156 v. Chr. als Bauzeit für den Pergamonaltar.

DER GÖTTER-GIGANTEN-KAMPF AM GROSSEN FRIES

Es ist eine schier unendliche Folge von Kampfgruppen, die sich am Großen Fries aneinanderreihen. Der dramatische Kampf der Götter gegen die Giganten ist nicht als Abfolge, sondern als ein zeitgleiches, auf die Höhepunkte gerichtetes Geschehen zu verstehen. Zwar gibt es kompositorische Heraushebungen, doch ist der Fries durch thematische, mythologische, genealogische oder kompositorische Kunstgriffe über die Ecken, die den Fries optisch trennen, wieder verklammert und verbunden worden. Immer wieder wurde der antike Betrachter auf die Einheitlichkeit der Handlung und die Gleichzeitigkeit des Geschehens hingewiesen. (Für die folgende Beschreibung des Bildprogramms vgl. auch Abb. 16, Vorsatz hinten, mit einer Umzeichnung der Friese.)
Der Blick des antiken Betrachters, der die Altarterrasse von der Straße her betritt, fiel zuerst auf den Ostfries, die der aufgehenden Sonne zugewandte Seite. In der rechten Hälfte sind die wichtigen olympischen Götter versammelt, eingefaßt durch das mächtige, von Hera geführte Gespann auf der einen und das aus nur zwei Pferden bestehende Gespann des Kriegsgottes Ares auf der anderen Seite. Die siegverkündende Botschaft dieser Gruppierung um Zeus und Athena mit Nike ist deutlich hervorgehoben.
Auf der linken Frieshälfte erlebte der Betrachter den Kampf weiterer olympischer Götter, die zudem durch verwandtschaftliche Bindungen eng zusammengehören. Da ist zunächst die Gruppe um Leto, die dem Zeus zwei Kinder gebar: Apollon, der sie zur Rechten flankiert, und Artemis, die Jagdgöttin, zu ihrer Linken. An der linken Ecke leitet Hekate, die Dreigestaltige, zu zwei weiteren Göttinnen über, die am Südfries Seite an Seite kämpfen; es sind die Titaninnen Phoibe (die Glänzende) und ihre Tochter Asteria (die Sternene). Phoibe ist aber auch die Mutter der Leto, Asteria Mutter der Hekate: Man begreift das enge verwandtschaftliche Geflecht, das sich über die Ecke des Frieses hinwegzieht. Weitere Gestirnsgottheiten am Südfries folgen, um schließlich zu den Göttern des Lichts überzuleiten. Von Ost nach West ziehen diese Götter ihre Bahn, die Göttin der Morgenröte, Eos, gefolgt von Helios, dem Sonnengott, und zum Schluß Selene, der Mondgöttin. Diesem unaufhaltsamen Zug der Tagesgötter können die Giganten keinen entscheidenden Widerstand entgegensetzen. Am Ende des Südfrieses ist ein anderes Göttergeschlecht dargestellt, das zu fünft einen mächtigen stiernackigen Giganten niederkämpft. Es ist der Kreis um die kleinasiatische Muttergottheit Rhea-Kybele, die als Löwenreiterin erscheint. Wesensverwandt ist Dionysos, der auf der anschließenden Westseite, begleitet von Nymphen, die der Treppenwange kämpfen, erscheint.
Am nördlichen Teil der Treppenseite, also auf dem gegenüberliegenden Risalit, sind es Meeresgottheiten, die das Kampfgeschehen beherrschen. Die Mächtigste unter ihnen ist Trition. Auch er kämpft wie Zeus gegen drei Giganten gleichzeitig, hervorgehoben durch die Stirnseite des Risalits. Leider haben sich nur wenige Fragmente von dem Gespann des Poseidon erhalten, der auf den anschließenden Platten des Nordfrieses ein besonders phantasiereiches Gespann aus Seetieren in den Kampf führt.
Etwa bis zur Mitte des Nordfrieses hin folgen Göttinnen, die in Gruppen zusammengefaßt sind und in denen man Schicksals- und Rachegöttinnen erkannt hat. Sie werden auf der übrigen Friesseite von überwiegend männlichen Göttern abgelöst, die offensichtlich zum Gefolge des Ares vom Ostfries gehören. Die Götter der linken Ecke des Nordfrieses können wir wieder benennen. Dort kämpfen, gleichsam Rücken an Rücken zu Ares, Aphrodite zusammen mit Eros und ihrer Mutter Dione gegen Giganten.
Von welcher Seite man auch den Fries umschreitet, immer wieder wird der Blick über die trennenden Ecken herumgeführt und das Kampfgeschehen mit höchst dramatischen Aktionen veranschaulicht.

Der Ostfries des Altars

An der der aufgehenden Sonne zugewandten Seite entbrennt ein Kampf, in den vornehmlich die olympischen Götter verwickelt sind. Über die Mitte des Ostfrieses hinweg führt Hera das mächtige Gespann des Zeus heran, das mehrere Giganten zu Boden geworfen hat; sie werden von den geflügelten Pferden niedergestampft. Die Bewegungsrichtung führt weiter auf Hauptgruppen mit Zeus und Athena; zur rechten Seite des Göttervaters Zeus muß man sich die Gestalt des Herakles ergänzen. Links von Athena führt Ares sein Zweigespann in den Kampf. Sinnfällig ist die Komposition der Zeus- und Athena-Gruppe gemeint. Beide Götter sind durch auseinandersprengende Bewegungen verbunden, und ihre Gestalten entwickeln sich parallel zum Reliefgrund. Dadurch gewinnen ihre ausgreifenden Bewegungen mehr Platz als bei anderen Kampfgruppen und heben sie als wichtigste Götter heraus.
Im Kampf sind die Götter und Göttinnen entsprechend ihrem Wesen begriffen. So kämpft der Göttervater Zeus mit vollem physischen Einsatz gegen drei Giganten an. Die heftige Schrittbewegung hat seinen Mantel gelöst, zwischen den Beinen haben sich tiefgehende Falten gebildet, die seine stürmische Bewegung betonen, sein nackter Leib, dessen Muskeln in höchster Anspannung wiedergegeben sind, tritt wirkungsvoll hervor. Seine gefährlichen Waffen, die totbringende Aigis (Donnerfell) und den Blitz, weiß er gegen seine Gegner einzusetzen. Links fällt ein Gigant vom Blitz getroffen auf den Fels zurück. Der große Rundschild vermag ihn nicht mehr zu schützen, und in einer verzweifelt flehenden Geste hat er seinen linken Arm erhoben. Gut sichtbar ist der Blitz mit einem gedrehten Mitteldorn und drei Zacken, die sich in den Oberschenkel des Giganten gebohrt haben; Flammen treten oben heraus und werden den Giganten verbrennen. Zu Füßen des Zeus ist ein weiterer jugendlicher Gigant gesunken, er greift sich an die verwundete Schulter und schaut offenbar entsetzt zur Aigis, dem mächtigen, schlangenbesetzten Fell des Zeus, empor. Noch ungebrochen in seinem Kampfeswillen ist rechts der Anführer der Giganten, Porphyrion, ebenso kraftvoll wie Zeus dargestellt. Seine Rückenpartie entfaltet sich parallel zum Reliefgrund, wulstig umspannt die Muskulatur den Rumpf und den Nacken mit dem mächtigen Schädel. Wildes Bart- und Haupthaar, spitz zulaufende Tierohren sowie eingelegte, aus anderem Material gearbeitete Augen charakterisieren Porphyrion als ein wildes, kraftvolles Wesen. Er schleuderte wohl einen Fels gegen den Olympier, und hoch züngeln die Schlangen, die aus seinen Oberschenkeln herauswachsen. Mit Porphyrion prallt die ungebändigte Kraft und die Gefährlichkeit der Giganten auf den mächtigsten der Götter, so daß die beiden jugendlichen und ganz menschlich gebildeten Giganten wie leicht zu treffende und fast harmlose Gegner wirken.
Im Gegensatz zu dieser zur Schau gestellten physischen Kraft reißt die Zeustochter Athena ihren Gegner an den Haaren fast mühelos empor. Die Muskeln ihres Oberarmes sind kaum angespannt, allein ihre ausschreitende Bewegung gibt ihr den nötigen Schwung. Die Tötung des Gegners vollzieht die heilige Schlange der Göttin, die ihn bereits am linken Arm und am rechten Bein in lähmender Umklammerung gefangenhält und sich nun in seiner Brust verbeißt. Verzweifelt versucht der Gigant, mit seinem lebensspendenden Element, der Erdmutter Gaia, in Verbindung zu bleiben. Die Trennung von ihr bedeutet seinen sicheren Tod, der sich in seinem Antlitz bereits eindrucksvoll ankündigt: In Schmerz und Todesangst ist die Stirn zerfurcht, tief eingeschnitten sind die weit aufgerissenen Augen, und aus dem leicht geöffneten Mund scheint ein schmerzerfülltes Stöhnen zu dringen. Auch die Bauchpartie ist krampfartig eingezogen und deutet auf den Schmerz des von Athena Gepeinigten hin.
Sie wie auch andere Göttinnen des Frieses bedürfen nicht der physischen Kraft ihrer männlichen Begleiter, ja sie vermeiden weitgehend die direkte Berührung mit den sterblichen Giganten. Ihre Überlegenheit ergibt sich aus ihrem göttlichen Wesen, und der Sieg im Kampf wird oftmals durch ihre bloße Existenz errungen.
Aber auch Göttern kann diese Überlegenheit gegeben sein. So der fernhin treffende Apollon auf der linken Frieshälfte etwa, der in der Schönheit seines jugendlich nackten Körpers dem Betrachter bildparallel zugewandt ist. Er ist im Begriff, einen neuen Pfeil aus seinem Köcher auf dem Rücken zu ziehen; der zuvor abgegebene Schuß aus seinem Bogen galt einem jungen Giganten, der im Auge tödlich getroffen zu seinen Füßen hingesunken ist. Man möchte an den im Mythos erwähnten Giganten Ephialtes denken, der mit durchschossenem Auge niedergesunken ist und nach dem tödlichen Pfeil greift.
Die Haltung und die ideale Schönheit des Apollon ist keine Neuschöpfung der pergamenischen Zeit, sondern als ein bewußter Rückgriff auf die klassischen Apollongestalten zu verstehen. Er ist der Erscheinung des Apollon angeglichen, die der griechische Bildhauer Leochares schuf, eine Statue, die uns in einer römischen Marmorkopie im Belvedere des Vatikan in Rom erhalten blieb; das Original wird über 150 Jahre zuvor, also um 330 v. Chr., entstanden sein. Eine solche Anleihe bei der klassischen Kunst Griechenlands ist keine Ausnahme. Die Hauptgruppe etwa, mit Zeus und Athena in ihren auseinanderstrebenden Bewegungsrichtungen, erinnert an die Figuren des Westgiebels des Athener Parthenon, in dessen Zentrum Athena und Poseidon miteinander kämpfen. Solche Zitate zeigen uns, daß die klassisch-griechische Kunst bereits als vergangen und

Abb. 17
Der Gigant Alkyoneus, Athenas Gegner

Abb. 18
Laokoon-Gruppe. Römische Kopie eines pergamenischen Originals aus der Zeit zwischen 150 und 140 v. Chr. Rom, Vatikan (Photo: Bernard Andreae)

vorbildlich angesehen wurde; dem Kenner galten solche Anleihen als ein Beweis für das künstlerische Bewahren von Traditionen. Es wurde bereits darauf hingewiesen, daß Pergamon sich durchaus als das zweite und neuerstandene Athen betrachtete.
So wundert es auch nicht, daß von den vielen künstlerischen Erfindungen am Großen Fries Impulse auf die nachfolgenden Künstlergenerationen ausgingen. Die berühmte Laokoon-Gruppe im Vatikan, die seit ihrer Entdeckung in der Renaissance von zahllosen Italienreisenden bewundert wird, ist kompositorisch eng mit der Athena-Alkyoneus-Gruppe des Großen Frieses verwandt. Aus einer neueren Untersuchung dieser berühmten Marmorgruppe aus den Vatikanischen Sammlungen wissen wir, daß unter dem Einfluß des Großen Frieses in Pergamon das Original dieser nur in römischer Kopie erhaltenen Gruppe kaum zwei Jahrzehnte später als der Altar entstanden sein muß. Sie wurde von Künstlern gearbeitet, die noch in der direkten Tradition des Großen Frieses standen oder gar hier mitgearbeitet hatten.
Mit Apollon beginnt in der linken Frieshälfte eine Folge olympischer Götter, die miteinander durch enge verwandtschaftliche Beziehungen verbunden sind. Links neben ihm kämpft Leto, seine Mutter, gefolgt von der Jagdgöttin Artemis, seiner Schwester. Am Friesende greift die dreigestaltige Göttin Hekate in das Gefecht ein, eine Tochter der Asteria, die ihrerseits in unmittelbarer Nachbarschaft im Südfries mit ihrer Mutter Phoibe in einen Kampf mit Giganten verwickelt ist. Die Dreigestaltige ist waffenstrotzend wiedergegeben: Mit Fackel, Schwert und Lanze bedroht sie den Giganten Klytios. Unter der Last eines Felsbrockens, den er gegen die Göttin schleudern wollte, bricht er zusammen, da der gewaltige Molosserhund, das Begleittier der Hekate, ihm den Oberschenkel zerfleischt und den Halt nimmt.

Der Südfries des Altars

Die Titanin Phoibe (die »Glänzende«) und ihre Tochter Asteria (die »Sternene«) leiten über zu den Licht- und Tagesgottheiten am Südfries. Zu den Lichtgottheiten gehört aus dem Geschlecht der Titanen Uranos, Gott des nachtschwarzen Firmaments, der mit einem gewaltigen Schwerthieb einen Giganten niedermacht. In seiner Nähe kämpft ein jugendlicher Gott, in dem man vielleicht Aither erkennen kann. Nur mit einem kurzen Schurz bekleidet, den sonst nur Handwerker tragen, ringt er wie einst Herakles einen löwenköpfigen Giganten nieder. Obwohl der Mittelteil des Frieses beträchtliche Lücken aufweist, erkennt man hier die beherrschenden Tagesgottheiten. Sie werden in der linken Frieshälfte von Eos angeführt, der Göttin der Morgenröte, die rittlings auf einem Pferd sitzt und über den Kopf ihres Pferdes hinweg eine Fackel dem Gegner entgegenstreckt. Ihr folgt der Sonnengott Helios, der mit seinem Viergespann aus dem Meer emportaucht und dessen Lauf auch der vor dem

Ostfries

ARTEMIS

◁ *Abb. 19*
Hekate und Artemis mit ihren Gegnern

Abb. 20 Ostfries
Leto im Kampf mit Tityos, Apollon

APOLLON

Abb. 21 Ostfries
Zeus im Kampf mit den Giganten

Abb. 22 Ostfries
Athena im Kampf mit Giganten

Abb. 23 Südfries ▷
Rhea-Kybele und andere Gottheiten bekämpfen einen stiernackigen Giganten

Südfries

Südfries

HELIOS

Abb. 25
Zwei Götter aus dem Südfries

◁ *Abb. 24*
Helios mit seinem Gespann

Gespann auftretende mächtige Gigant nicht aufzuhalten vermag. Diese Folge wird abgeschlossen von der Mondgöttin Selene, die auf dem Rücken eines Maultieres über einen toten Giganten hinwegreitet und sich vom Betrachter abwendet. Der Lauf der Tageszeiten, den auch die Giganten nicht aufzuhalten vermögen, ist hier das beherrschende Thema. Im letzten Drittel des Südfrieses greifen Götter in das Kampfgeschehen ein, die von der beherrschenden Gestalt einer Löwenreiterin angeführt werden. Es ist die im kleinasiatischen Bereich besonders verehrte Muttergottheit Rhea-Kybele. Eine auffällig dichte Figurenansammlung gruppiert sich um einen mächtigen, stiernackigen Giganten. Ein nackter Gott, wohl Hephaistos, schlägt mit einem Doppelhammer auf diesen monströsen Giganten ein. Er treibt einen Keil in

den Stiernacken des Giganten und wird begleitet von einer Göttin, die vor der Löwenreiterin in eiliger Bewegung begriffen ist. Rechts vor dem stiernackigen Giganten ein weiterer Gott, der kniend einen Jagdspieß in die Brust des Gegners treibt. Es ist eine auffällige Götteransammlung um nur einen Giganten, dessen tiergestaltige Züge ihn zu einem besonders gefährlichen Gegner machen. Denn auch Eos ist in dieses Kampfgeschehen verwickelt: Sie stößt mit einer Fackel, die im Nacken des Giganten aufflammt, ebenfalls auf den monströsen Gegner ein.

Abb. 26
Die Titanin Phoibe und ihre Tochter Asteria

Abb. 27
Triton und Amphitrite

Abb. 28
Nördliche Treppenwange mit Meeresgöttern

Der südliche und nördliche Risalit der Westseite des Altars

Mit seiner Mutter Semele, einer Geliebten des Zeus, kämpft Dionysos auf der Stirnseite des rechten Risalits. Wieder erscheint ein Löwe, der Semele im Kampf unterstützt. Dionysos wird begleitet von zwei Satyrknaben und einem Panther, der fast gänzlich verlorengegangen ist. Zur Treppenwange hin erscheinen drei Göttinnen in unmittelbarer Nachbarschaft des Dionysos. Man wird sie als Nymphen aus seinem Gefolge benennen können.

Auf dem nördlichen Risalit beherrschen Meeresgottheiten das Kampfgeschehen. Drei Götterpaare kämpfen auf diesem Friesteil: an der Treppenwange Doris und Nereus, Okeanos und Tethys sowie an der Stirnseite Amphitrite und ihr Sohn Triton. Das Meer als natürliches Element dieser Götter klingt überall an: Naß haften die Gewänder an den Körpern oder fallen in schweren Falten herab; Nereus trägt am Kopf eine Fischhaut, und die Schuhe der Doris bestehen ebenfalls aus Fischhaut und Flossen. Als Verkörperung der Naturgewalt hat Trition eine besonders phantastische Gestalt erhalten: Ein mächtiger Fischleib mit Flossen, ein Vorderbein eines Pferdes und hochschwingende Flügel aus Blätterwerk verleihen ihm ein eindruckvolles Aussehen. Er berührt nicht mehr die Erde, sein Fischleib und sein Pferdebein kämpfen gleichzeitig gegen zwei in die Knie gegangene Giganten; der eine gerät unter den Huf, der andere wird vom mächtigen Fischleib erdrückt; mit dem Schwert bedroht Triton einen dritten anstürmenden Giganten, indem er ihm das Löwenfell entreißt, das diesem Schutz gewähren sollte.

Der Nordfries des Altars

Auch am Nordfries greifen vom West- und Ostfries Götter in den Kampf ein, die so den genealogischen Zusammenhang des Kampfgeschehens verdeutlichen sollen. Vom Ostfries her sind es aus dem Gefolge des Ares die Göttin Aphrodite und ihre Mutter Dione, die den Kriegsgott unterstützen und so auf ihre Weise den Kampf bestehen. Aphrodite tritt auf zwei gefallene Giganten und hält ihr Schwert gegen die hochzüngelnde Schlange eines Giganten, der ihren am oberen Friesrand schwebenden Sohn Eros bedroht. Auch Dione wehrt sich gegen diesen gefährlichen Schlangenbeiner. Auf der rechten Friesecke sind es dagegen die Meeresgötter, die den Kampf ihres Geschlechtes vom Westrisalit fortsetzen. Leider sehr zerstört ist das einstmals prächtige Gespann des Poseidon: Es war ein von Fischen umspieltes Seepferdegespann. Ähnlich dem Helios-Gespann wird sich auch hier ein Gigant in den Weg gestellt haben. Die Benennung der zahlreichen Göttinnen im rechten und der Götter im linken mittleren Friesteil ist nicht sicher. Aus den Gesimsblöcken mit Inschrift wissen wir von der Anwesenheit von Graien, Moiren und Erinyen, die wir in der rechten Frieshälfte vermuten dürfen. Sie wurden angeführt von der herausragenden Gestalt einer jugendlichen Göttin, die mit einem von Schlangen umwundenen Gefäß in den Kampf eingreift. Dieses mit Giftschlangen gefüllte Geschoß dürfte ebenso wie andere Waffen, etwa der makedonische Schild vor dem Viergespann der Hera, als eine Anspielung auf wirklich stattgefundene Kämpfe der Pergamener zu sehen sein. Aus den

Abb. 29
Eine Göttin aus dem Nordfries

Quellen wissen wir, daß die seleukidische Flotte solche Geschosse gegen die mit Rom verbündeten Pergamener benutzte.

In der linken Frieshälfte kämpfen dichtgedrängt Götter, die wir nicht sicher benennen können. Ungewöhnlich ist die sogenannte Beißergruppe: Ein Gigant hat einen Gott umfaßt, reißt ihn empor und verbeißt sich in seinem Oberarm. Nur schwer vermag sich dieser bedrängte, in Not geratene Gott aus der Umklammerung zu befreien. Vielleicht haben wir Kastor vor uns, dem sein Bruder Polydeukes links zu Hilfe eilt.

In seiner »Ästhetik des Widerstands« schrieb Peter Weiss in bezug auf den Pergamonaltar: »Die Eingeweihten, die Spezialisten sprachen von Kunst, sie priesen die Harmonie der Bewegung, das Ineinandergreifen der Gesten, die anderen aber, die nicht einmal den Begriff der Bildung kannten, starrten verstohlen in die aufgerissenen Rachen, spürten den Schlag der Pranke im eigenen Fleisch.« Wir wissen nicht, wie antike Betrachter das dramatische Geschehen des Frie-

Abb. 30
Die Göttin Aphrodite

ses aufgenommen haben und ob es solche unterschiedlichen Sichtweisen von »oben« und »unten« gab. Richtig ist der Hinweis auf die Macht der Bilder, auf die Darstellung der siegreichen Götter und der Unterlegenen, der Besiegten und Gequälten in einem Kampfgeschehen. Es sind Bilder, die bis heute anrühren. Künstlern immer wieder als Motiv oder Vorlage Anregung geben. Beeindruckend die Giganten in ihrem Widerstand, der von überlegener Kraft, ohnmächtiger Wut bis hin zu resignierendem Aufgeben reichend dargestellt ist – alle Schattierungen vom fast greifbaren Sieg bis

Abb. 31 Die sogenannte Beißergruppe

Abb. 32 Eine Göttin, vielleicht eine der Erinyen ▷

zur endgültigen Niederwerfung sind im Fries eingefangen, der so auch wie eine Anatomie des Schmerzes gelesen werden kann.
Unter dem Gespann des Zeus oder unter den Reitpferden der galoppierenden Götter des Südfrieses erblickt man zu Tode erschöpfte oder leblos hingestreckte Gestalten. Andere Giganten aber, wie vor dem Gespann des Helios, stellen sich kühn dem unausweichlichen Lauf des Lichtgottes entgegen, wieder andere wehren sich mutig, doch gekennzeichnet von der Einsicht in die tödliche Niederlage, wie der Gegner der Hekate, der Gigant Klytios. Ein anderer, der bärtige Gigant vor den Knien der Artemis, findet ein grausames Ende. Der Jagdhund der Göttin hat ihn im Genick gepackt, der Biß ist tödlich, wie es die eingefallenen und erschlaffenden Gesichtszüge des Giganten und die vor Schmerz eingezogene Bauchpartie zeigen. Doch ein letztes verzweifeltes Aufbäumen, ein letzter Widerstand ist sichtbar: Der Gigant quetscht dem Hund in blanker Verzweiflung ein Auge aus. Trotz der klaren Botschaft des Frieses, der Darstellung des Untergangs der Giganten und des Sieges der Götter, ist im Aufeinanderprallen der Sieger und Unterlegenen eine unvergleichliche Dramatik und mitleiderregende Handlung geschaffen worden, die ihre Wirkungen über die römische bis in unsere abendländische Kunst hinein hatte.

Abb. 34
Herakles findet seinen Sohn Telephos

◁ *Abb. 33*
Bau des Bootes für Auge

DER TELEPHOSFRIES AM OBEREN ALTARHOF

Es war wohl der geringe Abstand zwischen dem großen Brandopferaltar im Zentrum des oberen Altarhofs und der Reliefwand dieses Innenhofs, der zur Wahl einer Reliefform geführt hat, die aus flachen Figurentiefen, kleinteiligen Formen und einstmals reicher Bemalung besteht. Der Fries ist nur 1,58 m hoch und wirkt wie ein ins Relief übertragenes Bilderbuch, in dem zeitlich verschiedene Handlungsabläufe der Telephossage in chronologischer Folge festgehalten sind. In Telephos, dem Heraklessohn und mythischen Gründer der Kulte von Pergamon, verehrten die pergamenischen Könige ihren Ahnherren und bezogen ihren Anspruch als Herrscher aus den vergangenen Taten dieses Heroen; die Einwohner von Pergamon sollten sich als »Telephidai«, als Nachkommen des Telephos, betrachten. Die besondere Aktualität des Mythos war für den antiken Betrachter in der Verbindung des mythologischen Geschehens mit der eigenen Geschichte der Stadt gegeben. Als vorbildlich konnte man zudem den Lebensgang des Helden durch die verschiedenen Wechselfälle seines Schicksals ansehen.

Wir können aus den Resten der Relieffolge und der erhaltenen schriftlichen Überlieferung die folgende Geschichte rekonstruieren: Der delphische Apollon hatte König Aleos von Arkadien durch einen Orakelspruch verkündet, daß ihm von den Nachkommen seiner Tochter Auge Unheil drohen werde. So bestimmte der Vater sie zur Priesterin der Athena. Als jedoch Herakles am Königshofe weilte, entsproß aus der heimlichen Verbindung zwischen beiden ein Sohn, jener Telephos. Um das verkündete Unheil von seiner Familie abzuwenden, übergab Aleos seine Tochter in einem verschlossenen Boot dem Meer und ließ den Säugling in einem Platanenhain aussetzen. Auf zwei Platten wird vom Bau des Bootes berichtet: Links steht der König, der persönlich den Bau überwacht, vier Männer bemühen sich um die Herstellung des Gefährts. Oberhalb dieser Szene sitzt Auge auf einem Felsen, bekleidet mit einem langen, über den Kopf gezogenen Mantel. Wie auf klassischen Grabreliefs ist die Trauer durch die Geste der zum Kinn geführten Hand angedeutet. Zwei Dienerinnen stehen vor ihr mit einem geöffneten Kästchen, eine Bildanordnung, die ebenfalls den Abschiedsszenen der griechischen Grabreliefs entspricht.

Auges Gefährt landet jedoch unversehrt an der Küste Mysiens, wo sie von König Teuthras und seinem Gefolge begrüßt wird, der sie als Tochter annimmt und als Dank für ihre Rettung den Athenakult stiftet. Dem kleinen Telephos widerfährt eine ebenso wunderbare Rettung. Herakles findet seinen ausgesetzten Sohn im Platanenhain, als dieser

Abb. 35
Gefährten des Telephos

Abb. 36
Teuthras und Auge

gerade von einer Löwin gesäugt wird. Diese Szene ist uns glücklicherweise gut erhalten: Herakles stützt sich ausruhend auf seine mächtige, mit Löwenfell umwickelte Keule, der kleine Knabe ist unmittelbar am Bauch der Löwin zu erkennen. Die Umgebung ist hier genau geschildert durch einen knorrigen Platanenstamm mit Ast und Blattwerk am linken Reliefrand und einen hochaufragenden Felsen auf der rechten Plattenseite.

Als Telephos zum Mann herangewachsen ist, erfüllt sich dann der schreckliche Orakelspruch: Er erschlägt die Brüder seiner Mutter, muß fluchbeladen das Land verlassen und gelangt schließlich nach Mysien an den Hof des Teuthras. Hier wird er freundlich aufgenommen, und als Dank für seine Unterstützung im Kampf gegen die Feinde Mysiens soll er zum Lohn Auge, Teuthras angenommene Tochter, erhalten. Doch während der Hochzeitszeremonie erkennen Mutter und Sohn sich wieder. Telephos wird nun Herrscher von Mysien und hat Kämpfe gegen einfallende Griechen zu bestehen, in deren Verlauf er selbst verwundet wird: Er blieb im Rankenwerk einer Weinrebe hängen, die der erzürnte Dionysos hatte wachsen lassen. So wird er von Achilleus mit einer Lanze am Bein getroffen. Die Wunde ist nur heilbar, verkündete ein Orakel, durch denjenigen, der sie schlug. So zieht Telephos nach Argos und bittet um Heilung. Auf einigen fragmentierten Platten ist die Begrüßung und das festliche Gastmahl für den Ankömmling geschildert. Die Sage berichtet von Agamemnons Weigerung, Telephos zu helfen. In seiner Not greift sich Telephos den kleinen Orestes und droht, ihn über dem Altar zu töten. Nicht Archilleus selbst, so rät der weise Odysseus, sondern Späne von seiner Lanze würden die Wunde des Telephos heilen können. Als Dank für die schließliche Hilfe geleitet Telephos die Griechen nach Troja und gründet nach der Rückkehr die Stadt Pergamon und die Kultstätten.

Neue Gestaltungselemente werden an diesem kleinen pergamenischen Fries sichtbar. Landschaftliche Motive, mit fast idyllischem Charakter, Architekturelemente, die Innenräume andeuten, eine Staffelung von Figuren in die Tiefe und frei bleibende Flächen oberhalb von Figurengruppen. Ein neues Raumverhältnis wird hier im griechischen Relief sichtbar, ein Figurenraum entsteht, der die Reliefwand aufzulösen scheint. Wichtig ist es zu vermerken, daß diese künstlerische Neuerung in der späthellenistischen und dann in der römischen Kunst prägend wird. Am Beginn dieser künstlerischen Wende steht dieser Telephosfries.

Neue Gestaltungselemente werden an diesem kleinen pergamenischen Fries sichtbar. Landschaftliche Motive, mit fast idyllischem Charakter, Architekturelemente, die Innenräume andeuten, eine Staffelung von Figuren in die Tiefe und frei bleibende Flächen oberhalb von Figurengruppen. Ein neues Raumverhältnis wird hier im griechischen Relief sichtbar, ein Figurenraum entsteht, der die Reliefwand aufzulösen scheint. Wichtig ist es zu vermerken, daß diese künstlerische Neuerung in der späthellenistischen und dann in der römischen Kunst prägend wird Am Beginn dieser künstlerischen Wende steht dieser Telephosfries.

Weiterführende Literatur: Altertümer von Pergamon, Bd. III, 1 (1896) und III, 2 (1910); E. Rhode, Pergamon. Burgberg und Altar, 1982; E. Simon, Pergamon und Hesiod, 1975; H.-J. Schalles, Der Pergamonaltar, Zwischen Bewertung und Verwertbarkeit, 1986; »Wir haben eine ganze Kunstepoche gefunden« — Ein Jahrhundert Forschungen zum Pergamonaltar. Katalog der Sonderausstellung der Antikensammlung, Pergamonmuseum Berlin, 1986 (mit ausführlicher Bibliographie); W. Radt, Pergamon: Geschichte der Bauten, Funde und Erforschung einer antiken Metropole, 1988, S. 190 ff.; W. Hoepfner, in: AA 1989, S. 601—634; M. Kunze, in: Phyromachos-Probleme, 1990, S. 123—139; B. Andreae, Laokoon und die Kunst von Pergamon, 1991.

Abb. 37
Blick von der Akropolis von Pergamon (Photo: Max Kunze) ▷

Abb. 16

Ostfries

Demeter, die Fruchtbarkeit schenkende Erdgöttin, wird links neben dem Flügelfragment eines Giganten vermutet.

Die dreigestaltige Titanin Hekate, Göttin der Wege, des Spuks und der Zauberei, kämpft mit Fackel, Schwert und Lanze, vom Molosserhund begleitet, gegen Klytios, der einen Felsbrocken schleudert.

Der Blick der mit Pfeil und Bogen gerüsteten Jagdgöttin Artemis ist auf einen bewaffneten nackten Giganten (Otos?) gerichtet. Zwischen beiden tötet ihr Jagdhund einen weiteren Giganten durch Genickbiß.

Leto, die dem Zeus Apollon und Artemis geboren hatte, kämpft mit lodernder Fackel einen Giganten mit tierhaften Zügen nieder.

Apollon, der heilbringende und übelabwehrende Gott und Wahrheitskünder, hat den zu seinen Füßen liegenden Ephialtes mit einem Pfeil niedergeschossen.

Südfries

Rhea/Kybele, die große Muttergottheit aus Kleinasien, greift als Löwenreiterin mit Pfeil und Bogen in den Kampf ein. Links oben der Adler des Zeus mit dem Blitzbündel.

Gegen einen mächtigen stiernackigen Giganten kämpfen drei nicht sicher zu benennende Gottheiten: Links eine Göttin, vor ihr Hephaistos, der einen Doppelhammer über dem Kopf schwingt, rechts ein kniender Gott, der einem Giganten einen Jagdspieß in die Brust stößt.

Eos, Göttin der Morgenröte und Anführerin der Lichtgötter, reißt ihr Pferd an den Zügeln zurück; mit der Rechten stößt sie eine Fackel nach vorn.

Helios, der Sonnengott, taucht mit dem Viergespann aus dem Meer auf, eine Fackel führend. Ein Gigant stellt sich dem Gespann entgegen, ein anderer wird überrollt.

Nordrisalit der Westseite

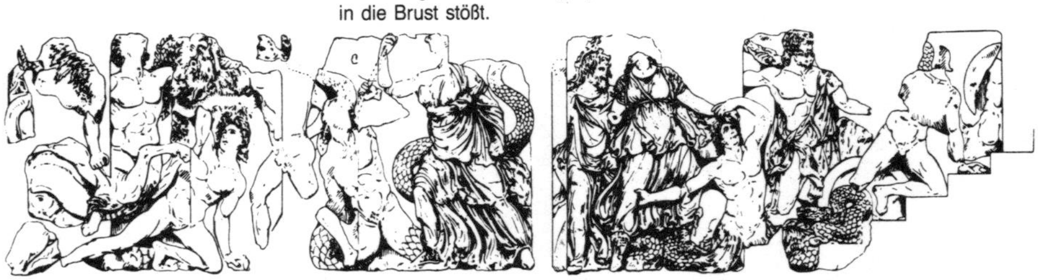

Der Meeresgott Triton, Sohn des Poseidon, kämpft mit seiner Mutter Amphitrite gegen Giganten. Triton ist mit menschlichem Oberkörper, Flügeln, Fischleib und Pferdevorderbein versehen.

Zur Sippschaft der Meeresgötter gehören die Paare Nereus (rechts) und Doris, gefolgt von Okeanos und (fast verloren) Tethys.

Nordfries

Die Liebesgöttin Aphrodite zieht eine Lanze aus einem getöteten Gegner. Ihre Mutter Dione kämpft gegen einen geflügelten Giganten, der zugleich von Eros, Aphrodites Sohn, attackiert wird.

Als Dioskuren, die Zwillingssöhne des Zeus, kann man vielleicht die Kämpfer deuten. Polydeukes eilt Kastor zu Hilfe, den ein Gigant von hinten gepackt hat, an sich preßt und in den Arm beißt.

Ebenfalls zu den Begleitern des Kriegsgottes gehören die drei folgenden Kampfgruppen: Links holt ein Gott mit einem Baumstamm zum Schlag aus, in der Mitte stößt eine geflügelte Göttin ihrem Gegner das Schwert in die Brust, rechts kämpft ein Gott mit einem mit Brustpanzer gerüsteten Giganten.

Hera, die Gemahlin des Zeus, führt den Streitwagen mit einem Viergespann heran; die geflügelten Pferde werden mit den vier Winden Notos, Boreas, Zephyros und Euros gleichgesetzt.

Der Heros Herakles entscheidet nach dem Mythos den Kampf. Nur die Inschrift und die Tatze des Löwenfells markieren heute die Stelle, wo er einst kämpfte.

Zeus, der höchste Olympier, der Wolken versammelt, den Regen sendet und Blitze schleudert, kämpft, begleitet vom Adler, gegen den Gigantenführer Porphyrion und zwei jugendliche Giganten.

Athena, Tochter des Zeus und Stadtgöttin, trennt den Giganten Alkyoneus von der aus dem Erdreich auftauchenden Gaia, ohne die er sterblich ist. Rechts oben die Siegesgöttin Nike.

Der Kriegsgott Ares mit seinem Zweigespann, das sich vor einem geflügelten Giganten aufbäumt.

Theia, die Mutter der Tages- und Nachtgestirne, inmitten ihrer Kinder Eos, Helios und Selene.

Selene, die Mondgöttin, die den Tag verbirgt, reitet, dem Betrachter den Rücken zuwendend, auf einem Maulesel eilig über einen Giganten hinweg.

Ein jugendlicher Gott (Aither?) hält einen Giganten mit Schlangenbeinen, Menschenkörper, Löwenpranken und -kopf im Würgegriff.

Der mit Alterszügen versehene Gott mag Uranos, der Vater der Titanen und Gott des nachtschwarzen Firmaments, sein. Links neben ihm seine Tochter Themis, Göttin der Gerechtigkeit.

Links die Titanin Phoibe (die »Glänzende«) mit einer Fackel und ihre Tochter Asteria (die »Sternene«) mit einem Schwert, begleitet von einem Hund. Beide leiten im Südfries die Götter der Tages- und Nachtgestirne ein.

Südrisalit der Westseite

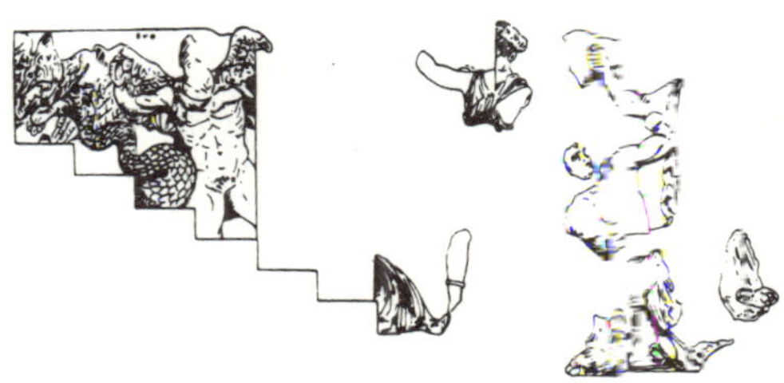

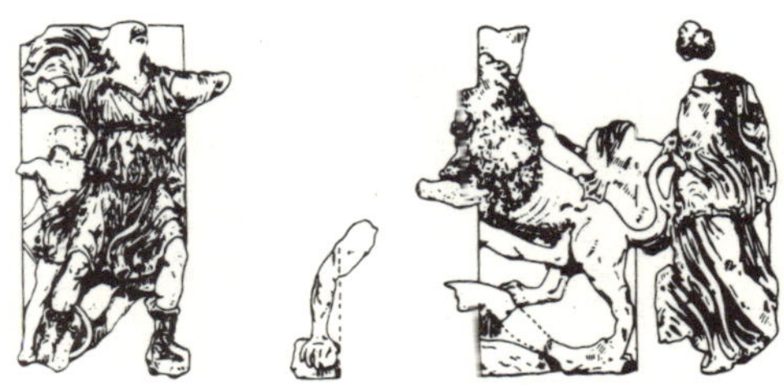

Zum Gefolge des Dionysos gehören drei Nymphen, weibliche Naturdämonen; am Gesims die Künstlerinschrift: THEORRETOS.

Dionysos, Gott der Vegetation, Fruchtbarkeit und des Weins (links), begleitet von zwei knabenhaften Satyrn, und seine Mutter Semele; sie führt einen Löwen in den Kampf.

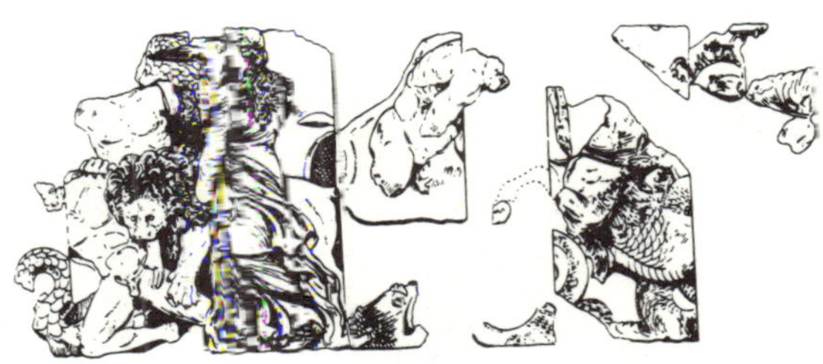

In der auffälligen Mittelgestalt, die ein schlangenumwundenes Gefäß als Waffe führt, glaubte man Nyx, die Nachtgöttin, zu sehen; eher ist sie aber als eine der drei Erinyen, die Frevel strafenden Rachegöttinnen, zu deuten.

Die beiden Göttinnen dürften die das menschliche Schicksal bestimmenden Moiren sein, die mit Schwert und Lanze zwei Giganten niederkämpfen.

In der »Löwengöttin« glaubt man Keto, die Mutter der nach links folgenden (verlorenen) Graien zu erkennen; sie gebar furchterregende Ungeheuer wie den Fisch (Ketos, griech. Wal) links zu ihren Füßen.

Der Meeresgott Poseidon taucht mit einem phantastischen Gespann mit Seepferden aus dem Meer auf.